CODE DE PROCÉDURE CIVILE.

TEXTES ADOPTÉS PAR LA COMMISSION.

DE LA VÉRIFICATION DES ÉCRITURES.

ARTICLE PREMIER.

Lorsque, soit sur une demande principale en reconnaissance d'écriture, soit au cours d'une instance, l'une des parties dénie ou déclare ne pas reconnaître l'écriture ou la signature d'un acte sous seing privé, le tribunal statue immédiatement ou ordonne qu'au jour fixé par le jugement les parties comparaîtront en personne en la chambre du conseil pour y fournir leurs explications respectives, y produire les pièces et écrits pouvant servir à la comparaison des écritures, et exposer les faits et moyens à l'aide desquels elles entendent établir leurs prétentions.

Le jugement qui ordonne la comparution n'est ni levé ni signifié; il vaut sommation aux parties pour l'audience indiquée par le tribunal.

ART. 2.

Si le tribunal ne trouve ni dans les réponses et moyens des parties, ni dans les documents qui lui sont soumis, ni dans les corps d'écriture que le président a le droit de dicter aux parties, des éléments suffisants pour établir sa conviction, il peut ordonner qu'il soit procédé par expert à la vérification de l'écriture déniée ou méconnue.

CODE DE PROCÉDURE.

DE LA VÉRIFICATION DES ÉCRITURES.

CODE DE PROCÉDURE CIVILE. — ART. 193.

Lorsqu'il s'agira de reconnaissance et vérification d'écritures privées, le demandeur pourra, sans permission du juge, faire assigner à trois jours pour avoir acte de la reconnaissance, ou pour faire tenir l'écrit pour reconnu. Si le défendeur ne dénie pas la signature, tous les frais relatifs à la reconnaissance ou à la vérification, même ceux de l'enregistrement de l'écrit, seront à la charge du demandeur.

ART. 194.

Si le défendeur ne comparaît pas, il sera donné défaut, et l'écrit sera tenu pour reconnu. Si le défendeur reconnaît l'écrit, le jugement en donnera acte au demandeur.

ART. 195.

Si le défendeur dénie la signature à lui attribuée, ou déclare ne pas reconnaître celle attribuée à un tiers, la vérification en pourra être ordonnée tant par titres que par experts et par témoins.

ART. 196.

Le jugement qui autorisera la vérification ordonnera qu'elle sera faite par trois experts, et les nommera d'office, à moins que les parties ne se soient accordées pour les nommer. Le même jugement commettra le juge devant qui la vérification se fera; il portera aussi que la pièce à vérifier sera déposée au greffe, après que son état aura été con-

Il peut aussi autoriser les parties à faire par témoins la preuve des faits dont il reconnaît la pertinence et l'admissibilité.

Dans les deux cas, il prescrit le dépôt au greffe de la pièce contestée, dont l'état est préalablement, et séance tenante, constaté dans un procès-verbal signé par les parties, le président et le greffier.

staté et qu'elle aura été signée et parafée par le demandeur ou son avoué et par le greffier, lequel dressera du tout un procès-verbal.

ART. 197.

En cas de récusation contre le juge-commissaire ou les experts, il sera procédé ainsi qu'il est prescrit aux titres XIV et XXI du présent livre.

ART. 198.

Dans les trois jours du dépôt de la pièce, le défendeur pourra en prendre communication au greffe sans déplacement. Lors de ladite communication, la pièce sera parafée par lui ou par son avoué, ou par son fondé de pouvoir spécial, et le greffier en dressera procès-verbal.

ART. 199.

Au jour indiqué par l'ordonnance du juge-commissaire, et sur la sommation de la partie la plus diligente, signifiée à un avoué s'il en a été constitué, sinon à domicile, par un huissier commis par ladite ordonnance, les parties seront tenues de comparaître devant ledit commissaire, pour convenir des pièces de comparaison. Si le demandeur en vérification ne comparaît pas, la pièce sera rejetée; si c'est le défendeur, le juge pourra tenir la pièce pour reconnue. Dans les deux cas, le jugement sera rendu à la prochaine audience sur le rapport du juge-commissaire, sans acte à venir plaider. Il sera susceptible d'opposition.

ART. 200.

Si les parties ne s'accordent pas sur les pièces de comparaison, le juge ne pourra recevoir comme telles : 1° que les signatures apposées aux actes par-devant notaire, ou celles apposées aux actes judiciaires, en présence du juge et du greffier, ou enfin les pièces écrites et signées par celui dont il s'agit de comparer l'écriture, en qualité de juge, greffier, notaire, avoué, huissier, ou comme faisant, à tout autre titre, fonction de personne publique; 2° les écritures et signatures privées reconnues par celui à qui est attribuée la pièce à vérifier, mais non celles déniées ou non reconnues par lui, encore qu'elles eussent été précédemment vérifiées et reconnues être de lui. Si la dénégation ou méconnaissance ne porte que sur partie de la pièce à vérifier, le juge pourra ordonner que le surplus de ladite pièce servira de pièce de comparaison.

1.

[illegible]

[illegible]

[illegible]

[illegible]

[illegible]

TEXTE ACTUEL.

ART. 204.

La partie la plus diligente fera sommer par exploit les experts et les dépositaires de se trouver aux lieu, jour et heure indiqués par l'ordonnance du juge-commissaire : les experts, à l'effet de prêter serment et de procéder à la vérification, et les dépositaires, à l'effet de représenter les pièces de comparaison. Il sera fait sommation à la partie d'être présente, par acte d'avoué à avoué. Il sera dressé du tout procès-verbal. Il en sera donné aux dépositaires copie par extrait, en ce qui les concerne, ainsi que du jugement.

ART. 207.

Les experts ayant prêté serment, les pièces leur étant communiquées, ou le corps d'écritures fait, les parties se retireront, après avoir fait, sur le procès-verbal du juge-commissaire, telles réquisitions et observations qu'elles aviseront.

ART. 208.

Les experts procéderont conjointement à la vérification, au greffe, devant le greffier ou devant le juge, s'il l'a ainsi ordonné ; et, s'ils ne peuvent terminer le même jour, ils remettront à jour et heure certains indiqués par le juge ou par le greffier.

ART. 209.

Leur rapport sera annexé à la minute du procès-verbal du juge-commissaire, sans qu'il soit besoin de l'affirmer ; les pièces seront remises aux dépositaires, qui en déchargeront le greffier sur le procès-verbal.

La taxe des journées et vacations des experts sera faite sur le procès-verbal, et il en sera délivré exécutoire contre le demandeur en vérification.

ART. 210.

Les trois experts seront tenus de dresser un rapport commun et motivé, et de ne former qu'un seul avis à la pluralité des voix.

S'il y a des avis différents, le rapport en contiendra les motifs, sans qu'il soit permis de faire connaître l'avis particulier des experts.

ART. 211.

Pourront être entendus comme témoins ceux qui auront vu écrire ou signer l'écrit en question, ou qui auront connaissance de faits pouvant servir à découvrir la vérité.

[illegible] [illegible] [illegible]

[illegible]

[illegible] [illegible] [illegible] [illegible]

[illegible]

[illegible] [illegible] [illegible] [illegible] [illegible]

[illegible]

[illegible] [illegible] [illegible] [illegible]

[illegible]

[illegible] [illegible] [illegible] [illegible] [illegible] [illegible] [illegible]

ART. 212.

En procédant à l'audition des témoins, les pièces déniées ou méconnues leur seront représentées, et seront par eux parafées; il en sera fait mention, ainsi que de leur refus : seront, au surplus, observées les règles ci-après prescrites pour les enquêtes.

ART. 3.

Si les pièces de comparaison sont entre les mains de dépositaires publics ou autres, le tribunal peut ordonner qu'elles seront apportées au lieu où se fera l'expertise, par le dépositaire, ou envoyées au greffe suivant le mode indiqué au jugement.

Dans le premier cas, le tribunal décide si les dépositaires qui apporteront eux-mêmes les pièces assisteront à la vérification, pour les représenter à chaque vacation, ou s'ils les déposeront aux mains du greffier, qui s'en chargera sur récépissé.

Il statue également sur le rétablissement des pièces lorsqu'elles ont cessé d'être utiles, et sur le mode de ce rétablissement.

Si les pièces de comparaison ne peuvent être apportées au lieu où se fait l'expertise ou envoyées au greffe, le tribunal peut ordonner que la vérification sera faite au lieu où elles se trouvent ou dans le lieu le plus proche.

ART. 201.

Si les pièces de comparaison sont entre les mains de dépositaires publics ou autres, le juge-commissaire ordonnera qu'aux jour et heure par lui indiqués les détenteurs desdites pièces les apporteront au lieu où se fera la vérification, à peine, contre les dépositaires publics, d'être contraints par corps, et les autres par les voies ordinaires, sauf même à prononcer contre ces derniers la contrainte par corps s'il y échet.

ART. 205.

Lorsque les pièces seront représentées par les dépositaires, il est laissé à la prudence du juge-commissaire d'ordonner qu'ils resteront présents à la vérification, pour la garde desdites pièces, et qu'ils les retireront et les représenteront à chaque vacation; ou d'ordonner qu'elles resteront déposées ès mains du greffier, qui s'en chargera par procès-verbal. Dans ce dernier cas, le dépositaire, s'il est personne publique, pourra en faire expédition, ainsi qu'il est dit par l'article 203; et ce, encore que le lieu où se fait la vérification soit hors de l'arrondissement dans lequel le dépositaire a le droit d'instrumenter.

ART. 206.

A défaut ou en cas d'insuffisance des pièces de comparaison, le juge-commissaire pourra ordonner qu'il sera fait un corps d'écritures, lequel sera dicté par les experts, le demandeur présent ou appelé.

ART. 202.

Si les pièces de comparaison ne peuvent être déplacées, ou si les détenteurs sont trop éloignés, il est laissé à la prudence du tribunal d'ordonner, sur le rapport du juge-commissaire, et après avoir entendu le procureur impérial, que la vérification se fera dans le lieu de la demeure des dépositaires, ou dans le lieu le plus proche, ou que, dans un délai déterminé, les pièces seront envoyées au greffe par les voies que le tribunal indiquera par son jugement.

[illegible]

ART. 4.

Toutes les fois qu'en exécution de l'article 3 l'original ou la minute d'une pièce détenue par un dépositaire ou officier public doit être envoyée ou déposée au greffe, le dépositaire en fait préalablement une copie collationnée, qui est vérifiée par le président du tribunal de son arrondissement, ou, suivant le cas, par le président de celui où le dépôt a lieu, lequel en dresse procès-verbal. Cette copie est mise par le dépositaire au rang de ses minutes, pour en tenir lieu jusqu'au renvoi des pièces, et il peut en délivrer des grosses ou expéditions en faisant mention du procès-verbal.

Le dépositaire est remboursé des frais de la copie par le demandeur en vérification, sur la taxe faite par le juge qui a dressé le procès-verbal.

ART. 5.

Il ne peut être délivré par les greffiers copie ou expédition des actes dont l'écriture est déniée ou méconnue et qui sont déposés au greffe, si ce n'est en vertu d'un jugement.

Il est délivré, sur simple réquisition des ayants droit, expédition des actes dont les originaux ou minutes sont déposés à titre de pièces de comparaison, ou qui, étrangers au débat, sont joints à l'acte contesté. Les greffiers perçoivent, en ce cas, les droits qui seraient dus aux dépositaires des originaux ou minutes.

Si les dépositaires ont fait, conformément à l'article précédent, des copies des actes déposés, ils ont seuls le droit de délivrer les expéditions.

ART. 6.

Si le tribunal reconnaît que la pièce est écrite ou signée par celui qui l'a déniée, celui-ci est condamné à une amende de 100 à 500 francs sans préjudice de tous dommages-intérêts s'il y a lieu.

ART. 7.

Le jugement qui statue sur une demande en vérification d'écriture n'emporte pas condamnation et ne confère pas hypothèque.

ART. 8.

Les frais de la demande principale en vérification d'écritures restent à la charge du demandeur, lorsque l'écriture n'a pas été contestée.

CODE DE PROCÉDURE.

ART. 203.

Dans ce dernier cas, si le dépositaire est personne publique, il fera préalablement expédition ou copie collationnée des pièces, laquelle sera vérifiée sur la minute ou original par le président du tribunal de son arrondissement, qui en dressera procès-verbal. Ladite expédition ou copie sera mise par le dépositaire au rang de ses minutes, pour en tenir lieu jusqu'au renvoi des pièces, et il pourra en délivrer des grosses ou expéditions en faisant mention du procès-verbal qui aura été dressé.

Le dépositaire sera remboursé de ses frais par le demandeur en vérification, sur la taxe qui en sera faite par le juge qui aura dressé le procès-verbal, d'après lequel sera délivré exécutoire.

ART. 213.

S'il est prouvé que la pièce est écrite ou signée par celui qui l'a déniée, il sera condamné à 150 francs d'amende envers le domaine, outre les dépens, dommages et intérêts de la partie, et pourra être condamné par corps même pour le principal.

Les droits d'enregistrement ne peuvent être mis à la charge du défendeur que dans les cas et pour l'époque où ces droits seront devenus régulièrement exigibles contre lui.

ART. 9.

Les juges de paix et les tribunaux de commerce statuent sur les incidents de vérification d'écriture soulevés à l'occasion des affaires dont ils sont saisis.

Copie du jugement intervenu doit être adressée au Procureur de la République dans les quinze jours.

DU FAUX CIVIL.

ARTICLE PREMIER.

La demande en faux est principale ou incidente. Celui qui prétend qu'un acte sous seing privé ou authentique est faux ou falsifié peut s'inscrire en faux contre ledit acte.

Toutefois l'inscription de faux n'est pas recevable contre un acte sous seing privé dont la vérification a été faite par un jugement passé en force de chose jugée.

ART. 2.

L'inscription est formée par une déclaration faite au greffe; cette déclaration est notifiée dans les trois jours, avec avenir à l'audience ou réassignation si le défendeur fait défaut.

ART. 3.

Il est procédé, pour l'instruction de l'affaire, comme il est dit au titre de la vérification d'écritures.

Les articles 4 et 5 du titre de la vérification d'écritures sont applicables.

ART. 4.

A partir du jugement ordonnant la preuve conformément à l'article 2 du titre de la vérification d'écritures, l'exécution de l'acte argué de faux est suspendue, sans préjudice des mesures conservatoires qui auraient été prises par la partie ou qui seraient autorisées par le juge.

DU FAUX INCIDENT CIVIL.

ART. 214.

Celui qui prétend qu'une pièce signifiée, communiquée ou produite dans le cours de la procédure est fausse ou falsifiée, peut, s'il y échet, être reçu à s'inscrire en faux, encore que ladite pièce ait été vérifiée, soit avec le demandeur, soit avec le défendeur en faux, à d'autres fins que celles d'une poursuite de faux principal ou incident, et qu'en conséquence il soit intervenu un jugement sur le fondement de ladite pièce comme véritable.

ART. 215.

Celui qui voudra s'inscrire en faux sera tenu préalablement de sommer l'autre partie, par acte d'avoué à avoué, de déclarer si elle veut ou non se servir de la pièce, avec déclaration que, dans le cas où elle s'en servirait, il s'inscrira en faux.

ART. 216.

Dans les huit jours, la partie sommée doit faire signifier, par acte d'avoué, sa déclaration, signée d'elle ou du porteur de sa procuration spéciale et authentique, dont copie sera donnée, si elle entend ou non se servir de la pièce arguée de faux.

ART. 217.

Si le défendeur à cette sommation ne fait cette déclaration, ou s'il déclare qu'il ne veut pas se servir de la pièce, le demandeur pourra se pourvoir à l'audience sur un simple acte, pour faire ordonner que la pièce maintenue fausse sera rejetée par rapport au défendeur, sauf au demandeur à en tirer telles inductions ou conséquences qu'il jugera à propos, ou à former telles demandes qu'il avisera pour ses dommages et intérêts.

TEXTE ACTUEL.

ART. 218.

Si le défendeur déclare qu'il veut se servir de la pièce, le demandeur déclarera, par acte au greffe, signé de lui ou de son fondé de pouvoir spécial et authentique, qu'il entend s'inscrire en faux; il poursuivra l'audience sur un simple acte, à l'effet de faire admettre l'inscription et de faire nommer le commissaire devant lequel elle sera poursuivie.

ART. 219.

Le défendeur sera tenu de remettre la pièce arguée de faux au greffe, dans les trois jours de la signification du jugement qui aura admis l'inscription et nommé le commissaire, et de signifier l'acte de mise au greffe dans les trois jours suivants.

ART. 220.

Faute par le défendeur de satisfaire, dans ledit délai, à ce qui est prescrit par l'article précédent, le demandeur pourra se pourvoir à l'audience pour faire statuer sur le rejet de ladite pièce, suivant ce qui est porté en l'article 217 ci-dessus, si mieux il n'aime demander qu'il lui soit permis de faire remettre ladite pièce au greffe, à ses frais, dont il sera remboursé par le défendeur comme de frais préjudiciaux, à l'effet de quoi il lui en sera délivré exécutoire.

ART. 221.

En cas qu'il y ait minute de la pièce arguée de faux, il sera ordonné, s'il y a lieu, par le juge commissaire, sur la requête du demandeur, que le défendeur sera tenu, dans le temps qui lui sera prescrit, de faire apporter ladite minute au greffe, et que les dépositaires d'icelle y seront contraints : les fonctionnaires publics par corps, et ceux qui ne le sont pas, par voie de saisie, amende, et même par corps, s'il y échet.

ART. 222.

Il est laissé à la prudence du tribunal d'ordonner, sur le rapport du juge-commissaire, qu'il sera procédé à la continuation de la poursuite du faux sans attendre l'apport de la minute, comme aussi de statuer ce qu'il appartiendra en cas que ladite minute ne pût être rapportée, ou qu'il fût suffisamment justifié qu'elle a été soustraite ou qu'elle est perdue.

ART. 223.

Le délai pour l'apport de la minute court du jour de la

[illegible]
[illegible]
[illegible]
[illegible]
[illegible]
[illegible]

[illegible]
[illegible]
[illegible]
[illegible]

signification de l'ordonnance ou du jugement au domicile de ceux qui l'ont en leur possession.

ART. 224.

Le délai qui aura été prescrit au défendeur pour faire apporter la minute courra du jour de la signification de l'ordonnance ou du jugement à son avoué, et, faute par le défendeur d'avoir fait les diligences nécessaires pour l'apport de ladite minute dans ce délai, le demandeur pourra se pourvoir à l'audience, ainsi qu'il est dit article 217. — Les diligences ci-dessus prescrites au défendeur seront remplies en signifiant par lui aux dépositaires, dans le délai qui aura été prescrit, copie de la signification qui lui aura été faite de l'ordonnance ou du jugement ordonnant l'apport de ladite minute, sans qu'il soit besoin, par lui, de lever expédition de ladite ordonnance ou dudit jugement.

ART. 225.

La remise de ladite pièce prétendue fausse étant faite au greffe, l'acte en sera signifié à l'avoué du demandeur, avec sommation d'être présent au procès-verbal, et, trois jours après cette signification, il sera dressé procès-verbal de l'état de la pièce. — Si c'est le demandeur qui a fait faire la remise, ledit procès-verbal sera fait dans les trois jours de ladite remise, sommation préalablement faite au défendeur d'y être présent.

ART. 226.

S'il a été ordonné que les minutes seraient apportées, le procès-verbal sera dressé conjointement, tant desdites minutes que des expéditions arguées de faux, dans les délais ci-dessus. Pourra néanmoins le tribunal ordonner, suivant l'exigence des cas, qu'il sera d'abord dressé procès-verbal de l'état desdites expéditions, sans attendre l'apport desdites minutes, de l'état desquelles il sera, en ce cas, dressé procès-verbal séparément.

ART. 227.

Le procès-verbal contiendra mention et description des ratures, surcharges, interlignes et autres circonstances du même genre; il sera dressé par le juge-commissaire, en présence du procureur impérial, du demandeur et du défendeur ou de leurs fondés de procurations authentiques et spéciales. Lesdites pièces et minutes seront parafées par le juge-commissaire et le procureur impérial, par le défendeur et le demandeur, s'ils veulent ou peuvent les parafer; sinon

il en sera fait mention. Dans le cas de non-comparution de l'une ou de l'autre des parties, il sera donné défaut et passé outre au procès-verbal.

ART. 228.

Le demandeur en faux ou son avoué pourra prendre communication, en tout état de cause, des pièces arguées de faux, par les mains du greffier, sans déplacement et sans retard.

ART. 229.

Dans les huit jours qui suivront ledit procès-verbal, le demandeur sera tenu de signifier au défendeur ses moyens de faux, lesquels contiendront les faits, circonstances et preuves par lesquels il prétend établir le faux ou la falsification; sinon le défendeur pourra se pourvoir à l'audience pour faire ordonner, s'il y échet, que ledit demandeur demeurera déchu de son inscription en faux.

ART. 230.

Sera tenu le défendeur, dans les huit jours de la signification des moyens de faux, d'y répondre par écrit, sinon le demandeur pourra se pourvoir à l'audience pour faire statuer sur le rejet de la pièce, suivant ce qui est prescrit article 217 ci-dessus.

ART. 231.

Trois jours après lesdites réponses, la partie la plus diligente pourra poursuivre l'audience; et les moyens de faux seront admis ou rejetés, en tout ou en partie. Il sera ordonné, s'il y échet, que lesdits moyens ou aucuns d'eux demeureront joints, soit à l'incident en faux, si quelques-uns desdits moyens ont été admis, soit à la cause ou au procès principal, le tout suivant la qualité desdits moyens et l'exigence des cas.

ART. 232.

Le jugement ordonnera que les moyens admis seront prouvés, tant par titres que par témoins, devant le juge commis, sauf au défendeur la preuve contraire, et qu'il sera procédé à la vérification des pièces arguées de faux par trois experts écrivains, qui seront nommés d'office par le même jugement.

[illegible]
[illegible]
[illegible]

[illegible]
[illegible]
[illegible]

ART. 233.

Les moyens de faux qui seront déclarés pertinents et admissibles seront énoncés expressément dans le dispositif du jugement qui permettra d'en faire preuve, et il ne sera fait preuve d'aucun autre moyen. Pourront néanmoins les experts faire telles observations dépendantes de leur art qu'ils jugeront à propos sur les pièces prétendues fausses, sauf au juge à y avoir tel égard que de raison.

ART. 234.

En procédant à l'audition des témoins, seront observées les formalités ci-après prescrites pour les enquêtes : les pièces prétendues fausses leur seront représentées, et parafées d'eux s'ils peuvent ou veulent les parafer; sinon il en sera fait mention. A l'égard des pièces de comparaison et autres qui doivent être représentées aux experts, elles pourront l'être aussi aux témoins, en tout ou en partie, si le juge-commissaire l'estime convenable; auquel cas elles seront parafées, ainsi qu'il est ci-dessus prescrit.

ART. 235.

Si les témoins représentent quelques pièces lors de leur déposition, elles y demeureront jointes, après avoir été parafées, tant par le juge-commissaire que par lesdits témoins, s'ils peuvent ou veulent le faire; sinon il en sera fait mention : et, si lesdites pièces font preuve du faux ou de la vérité des pièces arguées, elles seront représentées aux autres témoins qui en auraient connaissance; et elles seront par eux parafées, suivant ce qui est ci-dessus prescrit.

ART. 236.

La preuve par experts se fera en la forme suivante : 1° les pièces de comparaison seront convenues entre les parties, ou indiquées par le juge ainsi qu'il est dit à l'article 200, titre *De la vérification des écritures;* 2° seront remis aux experts, le jugement qui aura admis l'inscription de faux; les pièces prétendues fausses; le procès-verbal de l'état d'icelles; le jugement qui aura admis les moyens de faux et ordonné le rapport d'experts, les pièces de comparaison lorsqu'il en aura été fourni; le procès-verbal de présentation d'icelles, et le jugement par lequel elles auront été reçues. Les experts mentionneront dans leur rapport la remise de toutes les pièces susdites, et l'examen auquel ils auront procédé, sans pouvoir en dresser aucun procès-verbal; ils paraferont les pièces prétendues fausses. Dans

NOUVELLE RÉDACTION.

TEXTE ACTUEL.

le cas où les témoins auraient joint des pièces à leur déposition, la partie pourra requérir et le juge-commissaire ordonner qu'elles seront représentées aux experts; 3° seront au surplus observées audit rapport les règles prescrites au titre *De la vérification des écritures.*

ART. 237.

En cas de récusation, soit contre le juge-commissaire, soit contre les experts, il y sera procédé ainsi qu'il est prescrit aux titres XIV et XXI du présent livre.

ART. 238.

Lorsque l'instruction sera achevée, le jugement sera poursuivi sur un simple acte.

ART. 239.

S'il résulte de la procédure des indices de faux ou de falsification, et que les auteurs ou complices soient vivants, et la poursuite du crime non éteinte par la prescription, d'après les dispositions du Code pénal, le président délivrera mandat d'amener contre les prévenus, et remplira, à cet égard, les fonctions d'officier de police judiciaire.

ART. 240.

Dans le cas de l'article précédent, il sera sursis à statuer sur le civil jusqu'après le jugement sur le faux.

ART. 241.

Lorsqu'en statuant sur l'inscription de faux, le tribunal aura ordonné la suppression, la lacération ou la radiation en tout ou en partie, même la réformation ou le rétablissement des pièces déclarées fausses, il sera sursis à l'exécution de ce chef du jugement, tant que le condamné sera dans le délai de se pourvoir par appel, requête civile ou cassation, ou qu'il n'aura pas formellement et valablement acquiescé au jugement.

ART. 5.

Le jugement qui déclare le faux est mentionné en marge de la pièce reconnue fausse et de l'acte d'inscription de faux. Il décide si les minutes des actes authentiques reconnus faux doivent être rétablies dans le dépôt d'où elles ont été extraites, ou si elles doivent être conservées au greffe et annexées à l'acte d'inscription de faux.

ART. 242.

Par le jugement qui interviendra sur le faux, il sera statué ainsi qu'il appartiendra sur la remise des pièces, soit aux parties, soit aux témoins qui les auront fournies ou représentées; ce qui aura lieu même à l'égard des pièces prétendues fausses, lorsqu'elles ne seront pas jugées telles. A l'égard des pièces qui auront été tirées d'un dépôt pu-

[illegible]

[illegible] [illegible] [illegible]
[illegible] [illegible] [illegible]
[illegible] [illegible] [illegible]
[illegible] [illegible] [illegible]

[illegible] [illegible]
[illegible] [illegible]
[illegible]

[illegible] [illegible]
[illegible]

[illegible]

Les copies d'actes authentiques et les actes sous seing privé reconnus faux restent toujours déposés au greffe.

Il est sursis à l'exécution des dispositions qui précèdent tant que le jugement est susceptible de recours par appel ou pourvoi en cassation, ou que la partie condamnée n'a pas acquiescé.

ART. 6.

Le demandeur en faux qui succombe est condamné à une amende de 100 à 1,000 francs sans préjudice des dommages-intérêts s'il y a lieu.

Nul désistement ne peut intervenir sur une instance en faux s'il n'est accepté par le tribunal, qui peut, en ce cas, prononcer l'amende contre le demandeur.

blic, il sera ordonné qu'elles seront remises aux dépositaires, ou renvoyées par les greffiers de la manière prescrite par le tribunal, le tout sans qu'il soit rendu séparément un autre jugement sur la remise des pièces, laquelle néanmoins ne pourra être faite qu'après le délai prescrit par l'article précédent.

ART. 243.

Il sera sursis, pendant ledit délai, à la remise des pièces de comparaison ou autres, si ce n'est qu'il en soit autrement ordonné par le tribunal, sur la requête des dépositaires desdites pièces, ou des parties qui auraient intérêt de la demander.

ART. 245.

Pendant que lesdites pièces demeureront au greffe, les greffiers ne pourront délivrer aucune copie ni expédition des pièces prétendues fausses, si ce n'est en vertu d'un jugement. A l'égard des actes dont les originaux ou minutes auront été remis au greffe, et notamment des registres sur lesquels il y aurait des actes non argués de faux, lesdits greffiers pourront en délivrer des expéditions aux parties qui auront droit d'en demander, s'en qu'ils puissent prendre de plus grands droits que ceux qui seraient dus aux dépositaires desdits originaux ou minutes; et sera le présent article exécuté sous les peines portées par l'article précédent.

S'il a été fait, par les dépositaires des minutes desdites pièces, des expéditions pour tenir lieu desdites minutes, en exécution de l'article 203 du titre *De la vérification des écritures*, lesdits actes ne pourront être expédiés que par lesdits dépositaires.

ART. 244.

Il est enjoint aux greffiers de se conformer exactement aux articles précédents en ce qui les regarde, à peine d'interdiction, d'amende qui ne pourra être moindre de 100 francs, et des dommages-intérêts des parties, même d'être procédé extraordinairement s'il y échet.

ART. 246.

Le demandeur en faux qui succombera sera condamné à une amende qui ne pourra être moindre de 300 francs, et à tels dommages et intérêts qu'il appartiendra.

ART. 247.

L'amende sera encourue toutes les fois que, l'inscription en faux ayant été faite au greffe; et la demande à fin de s'inscrire admise, le demandeur s'en sera désisté volontairement ou aura succombé, ou que les parties auront été mises hors de procès, soit par le défaut de moyens ou de preuves suffisantes, soit faute d'avoir satisfait, de la part du demandeur, aux diligences et formalités ci-dessus prescrites, ce qui aura lieu, en quelques termes que la prononciation soit conçue, et encore que le jugement ne portât point condamnation d'amende : le tout quand même le demandeur offrirait de poursuivre le faux par la voie extraordinaire.

ART. 248.

L'amende ne sera pas encourue lorsque la pièce, ou une des pièces arguées de faux, aura été déclarée fausse en tout ou en partie, ou lorsqu'elle aura été rejetée de la cause ou du procès, comme aussi lorsque la demande à fin de s'inscrire en faux n'aura pas été admise; et ce, de quelques termes que les juges se soient servis pour rejeter ladite demande ou pour n'y avoir pas d'égard.

ART. 249.

Aucune transaction sur la poursuite du faux incident ne pourra être exécutée, si elle n'a été homologuée en justice, après avoir été communiquée au ministère public, lequel pourra faire à ce sujet telles réquisitions qu'il jugera à propos.

ART. 7.

Au cours de la demande, le demandeur en faux peut toujours porter plainte au criminel, ou le ministère public exercer d'office des poursuites contre les auteurs ou complices du faux. En ce cas, à moins que les juges n'estiment que le procès peut être jugé indépendamment de la pièce arguée de faux, il est sursis au jugement jusqu'à ce qu'il ait été statué par la juridiction ou l'autorité compétente.

ART. 250.

Le demandeur en faux pourra toujours se pourvoir par la voie criminelle en faux principal, et, dans ce cas, il sera sursis au jugement de la cause, à moins que les juges n'estiment que le procès puisse être jugé indépendamment de la pièce arguée de faux.

ART. 251.

Tout jugement d'instruction ou définitif en matière de faux ne pourra être rendu que sur les conclusions du ministère public.

DES ENQUÊTES.

ARTICLE PREMIER.

Les faits dont une partie demande à faire preuve sont articulés succinctement par un acte de conclusions. Ils sont, également par un simple acte, déniés ou reconnus dans les trois jours; sinon ils peuvent être tenus pour confessés ou avérés.

ART. 2.

Si les faits sont admissibles, qu'ils soient déniés et que la loi n'en défende pas la preuve, elle peut être ordonnée.

ART. 3.

Le tribunal peut aussi, en tout état de cause, ordonner d'office la preuve des faits qui lui paraissent concluants, si la loi ne le défend pas.

Lorsque l'enquête est ordonnée d'office, le tribunal désigne la partie à la requête de laquelle elle sera faite.

ART. 4.

Dans tous les cas où une enquête est ordonnée la preuve contraire est de droit.

ART. 5.

Le jugement qui ordonne la preuve détermine les faits à prouver; il indique si l'enquête aura lieu à l'audience ou devant un juge-commissaire.

Lorsque l'enquête doit avoir lieu à l'audience, le jugement indique si elle sera faite en audience publique ou à huis clos. Il fixe les lieu, jour et heure auxquels les témoins seront entendus.

Lorsque l'enquête doit avoir lieu devant un juge-commissaire, le jugement qui l'ordonne indique la date à laquelle le juge-commissaire fixera les lieu, jour et heure de l'enquête. Ce jugement vaut convocation pour les parties.

DES ENQUÊTES.

ART. 252.

Les faits dont une partie demandera à faire preuve seront articulés succinctement par un simple acte de conclusion, sans écritures ni requête.

Ils seront, également par un simple acte, déniés ou reconnus dans les trois jours; sinon ils pourront être tenus pour confessés ou avérés.

ART. 253.

Si les faits sont admissibles, qu'ils soient déniés et que la loi n'en défende pas la preuve, elle pourra être ordonnée.

ART. 254.

Le tribunal pourra aussi ordonner d'office la preuve des faits qui lui paraîtront concluants, si la loi ne le défend pas.

ART. 256.

La preuve contraire sera de droit; la preuve du demandeur et la preuve contraire seront commencées et terminées dans les délais fixés par les articles suivants.

ART. 255.

Le jugement qui ordonnera la preuve contiendra : 1° les faits à prouver; 2° la nomination du juge devant qui l'enquête sera faite. Si les témoins sont trop éloignés, il pourra être ordonné que l'enquête sera faite devant un juge commis par un tribunal désigné à cet effet.

ART. 257.

Si l'enquête est faite au même lieu où le jugement a été rendu, ou dans la distance de trois myriamètres, elle sera commencée dans la huitaine du jour de la signification à avoué; si le jugement est rendu contre une partie qui n'a-

[illegible]

NOUVELLE RÉDACTION.

ART. 6.

En cas d'empêchement du juge-commissaire, il est remplacé par jugement rendu en chambre du conseil, sur simple requête. Ce jugement n'est ni levé, ni signifié.

Au cas où le jugement ordonnant l'enquête a autorisé le remplacement du juge-commissaire par simple ordonnance du président, il est pourvu au remplacement sur requête.

Dans tous les cas où l'empêchement du juge-commissaire survient après la fixation de l'enquête, il est également pourvu à son remplacement par simple ordonnance du président, sur requête.

ART. 7.

Si le jugement qui a ordonné l'enquête est rendu par défaut, l'opposition n'est recevable que dans la quinzaine de la signification.

La partie défaillante peut en tout état de cause, même après les délais d'opposition et la clôture de l'enquête, être autorisée à procéder à une contre-enquête, sauf, en ce dernier cas, au tribunal à ordonner d'office que ceux des témoins de l'enquête, dont les dépositions lui paraîtraient nécessaires à la manifestation de la vérité, seront entendus de nouveau, et sans préjudice des dispositions de l'article 16.

ART. 8.

Si, avant que les témoins n'aient été cités, il est justifié que l'enquête ne peut avoir lieu au jour fixé, le président du tribunal ou le juge-commissaire peut, sur simple requête, les parties dûment appelées, en indiquer un autre par une ordonnance qui n'est susceptible ni d'opposition, ni d'appel.

TEXTE ACTUEL.

vait point d'avoué, le délai courra du jour de la signification à personne ou à domicile; ces délais courent également contre celui qui a signifié le jugement, le tout à peine de nullité. Si le jugement est susceptible d'opposition, le délai courra du jour de l'expiration des délais de l'opposition.

ART. 258.

Si l'enquête doit être faite à une plus grande distance, le jugement fixera le délai dans lequel elle sera commencée.

ART. 259.

L'enquête est censée commencée, pour chacune des

parties respectivement, par l'ordonnance qu'elle obtient du juge-commissaire, à l'effet d'assigner les témoins aux jour et heure par lui indiqués. En conséquence, le juge-commissaire ouvrira les procès-verbaux respectifs par la mention de la réquisition et de la délivrance de son ordonnance.

ART. 9.

Les témoins sont assignés à personne ou domicile au délai ordinaire des ajournements. Il est donné à chaque témoin copie, certifiée par l'avoué, du dispositif du jugement, seulement en ce qui concerne les faits admis, et, s'il y a lieu, de l'ordonnance du juge commissaire.

ART. 260.

Les témoins seront assignés à personne ou domicile; ceux domiciliés dans l'étendue de trois myriamètres du lieu où se fait l'enquête, le seront un jour au moins avant l'audition; il sera ajouté un jour par trois myriamètres pour ceux domiciliés à une plus grande distance. Il sera donné copie à chaque témoin du dispositif du jugement, seulement en ce qui concerne les faits admis, et de l'ordonnance du juge-commissaire, le tout à peine de nullité des dépositions des témoins envers lesquels les formalités ci-dessus n'auraient pas été observées.

ART. 10.

Trente jours au moins avant l'audition des témoins, la partie la plus diligente assigne l'autre partie pour être présente à l'enquête, au domicile de son avoué, si elle en a constitué un, sinon à son domicile. Les noms, prénoms, professions et demeures des témoins sont notifiés par l'acte d'assignation, dont il n'est délivré qu'une seule copie, quel que soit le nombre des parties pour lesquelles l'avoué occupe.

Dans les dix jours qui suivent cette assignation, l'autre partie doit notifier, par acte d'avoué, les noms, prénoms, professions et demeures des témoins qu'elle veut faire entendre.

Chaque partie peut s'opposer à l'audition des témoins dont le nom, la demeure, la profession ne lui ont pas été régulièrement notifiés.

Le tribunal ou le juge-commissaire statue sur les oppositions. La décision n'est susceptible d'aucun recours.

ART. 261.

La partie sera assignée pour être présente à l'enquête, au domicile de son avoué, si elle en a constitué, sinon à son domicile; le tout trois jours au moins avant l'audition.

Les noms, prénoms, professions et demeures des témoins à produire contre elle lui seront notifiés; le tout à peine de nullité, comme ci-dessus.

ART. 11.

Si, au jour fixé, aucun témoin n'a été cité par la partie qui a obtenu l'enquête, l'autre partie peut demander soit l'audition des témoins cités par elle, soit la clôture de l'enquête.

ART. 12.

Les témoins cités à la requête de l'une ou de l'autre

ART. 262.

Les témoins seront entendus séparément, tant en pré-

[illegible] qui do obtient [illegible]
loi qui les [illegible] toutes les [illegible] aux
tous ceux par lui-même [illegible] conséquemment, le jugement [illegible] c'est-à-dire que [illegible] par la
loi, [illegible] tribunal [illegible] de ses ordon-
[illegible].

partie sont entendus séparément dans l'ordre déterminé par le tribunal ou par le juge-commissaire, tant en présence qu'en l'absence des parties, sans qu'il leur soit permis de lire aucun projet écrit.

Chaque témoin, avant d'être entendu, déclare ses nom, prénoms, profession, âge et demeure, s'il est parent ou allié des parties et à quel degré, s'il est domestique ou serviteur de l'une d'elles. Il fait le serment de dire vérité. Les témoins peuvent jusqu'à la fin de l'enquête faire à leurs dépositions tous changements et additions.

ART. 13.

Le président ou le juge-commissaire peut, soit d'office, soit sur la demande des parties, interpeller les témoins sur les faits admis et sur tous autres dont la preuve paraît utile à la manifestation de la vérité.

ART. 14.

Chaque témoin, après son audition, reste présent jusqu'à la fin de l'enquête, à moins que le tribunal ou le juge-commissaire ne lui ait permis ou enjoint de se retirer. Les témoins peuvent être entendus de nouveau et confrontés les uns avec les autres.

ART. 15.

Si tous les témoins cités ne peuvent être entendus au jour fixé, l'enquête est remise à un autre jour sans nouvelle citation.

ART. 16.

Si l'une ou l'autre des parties demande à produire de nouveaux témoins, le tribunal ou le juge-commissaire peut autoriser leur citation au jour qu'ils indiquent. Ils peuvent même d'office ordonner qu'à la requête de la partie qu'ils désignent, citation sera donnée à des témoins non indiqués par les parties.

sence qu'en l'absence des parties. — Chaque témoin, avant d'être entendu, déclarera ses nom, profession, âge et demeure, s'il est parent ou allié de l'une des parties, à quel degré, s'il est serviteur ou domestique de l'une d'elles; il fera serment de dire vérité; le tout à peine de nullité.

ART. 276.

La partie ne pourra ni interrompre le témoin dans sa déposition ni lui faire aucune interpellation directe, mais sera tenue de s'adresser au juge-commissaire, à peine de 10 francs d'amende, et de plus forte amende, même d'exclusion, en cas de récidive; ce qui sera prononcé par le juge-commissaire. Ses ordonnances seront exécutoires nonobstant appel ou opposition.

ART. 267.

Si les témoins ne peuvent être entendus le même jour, le juge-commissaire remettra à jour et heure certains; et il ne sera donné nouvelle assignation ni aux témoins, ni à la partie, encore qu'elle n'ait pas comparu.

ART. 278.

L'enquête sera respectivement parachevée dans la huitaine de l'audition des premiers témoins, à peine de nullité, si le jugement qui l'a ordonnée n'a fixé un plus long délai.

ART. 279.

Si néanmoins l'une des parties demande prorogation dans le délai fixé pour la confection de l'enquête, le tribunal pourra l'accorder.

gnés, le tribunal peut soit commettre l'un de ses membres, soit adresser une commission rogatoire, conformément à l'article ...

Le juge-commissaire peut également adresser une commission rogatoire.

ART. 22.

Le juge commis procède à la commission rogatoire dans les formes propres à sa juridiction.

ART. 23.

Nul ne peut être assigné comme témoin s'il est parent ou allié en ligne directe de l'une des parties, ou de son conjoint, même divorcé.

Néanmoins, les personnes désignées au présent article peuvent être citées dans les procès relatifs à des questions d'état et dans les causes de séparation de corps ou de divorce, mais elles peuvent se refuser à déposer.

Peuvent également se refuser à déposer les médecins, ministres des cultes, avocats, officiers publics et ministériels et fonctionnaires, pour les faits dont ils ont eu connaissance à raison de leur profession ou de leurs fonctions.

ART. 24.

Peuvent les individus âgés de moins de quinze ans révolus être entendus sans prestation de serment, sauf à avoir à leur déposition tel égard que de raison.

présenter au jour indiqué, le juge-commissaire lui accordera un délai suffisant, qui néanmoins ne pourra excéder celui fixé pour l'enquête, ou se transportera pour recevoir la déposition. Si le témoin est éloigné, le juge-commissaire renverra devant le président du tribunal du lieu, qui entendra le témoin ou commettra un juge; le greffier de ce tribunal fera parvenir de suite la minute du procès-verbal au greffe du tribunal où le procès est pendant, sauf à lui à prendre exécutoire pour les frais contre la partie à la requête de qui le témoin aura été entendu.

ART. 268.

Nul ne pourra être assigné comme témoin s'il est parent ou allié en ligne directe de l'une des parties, ou son conjoint même divorcé.

ART. 285.

Pourront les individus âgés de moins de quinze ans révolus être entendus, sauf à avoir à leurs dispositions tel égard que de raison.

ART. 270.

Les reproches seront proposés par la partie ou par son avoué avant la déposition du témoin, qui sera tenu de s'expliquer sur iceux : ils seront circonstanciés et pertinents, et non en termes vagues et généraux. Les reproches et les explications du témoin seront consignés dans le procès-verbal.

ART. 282.

Aucun reproche ne sera proposé, après la déposition, s'il n'est justifié par écrit.

ART. 283.

Pourront être reprochés, les parents ou alliés de l'une ou de l'autre des parties jusqu'au degré de cousin issu de germain inclusivement; les parents et alliés des conjoints au

[illegible]

degré ci-dessus, si le conjoint est vivant, ou si la partie ou le témoin en a des enfants vivants : en cas que le conjoint soit décédé, et qu'il n'ait pas laissé de descendants, pourront être reprochés les parents et alliés en ligne directe; les frères, beaux-frères, sœurs et belles-sœurs. — Pourront aussi être reprochés le témoin héritier présomptif ou donataire; celui qui aura bu ou mangé avec la partie, et à ses frais, depuis la prononciation du jugement qui a ordonné l'enquête; celui qui aura donné des certificats sur les faits relatifs au procès; les serviteurs et domestiques; le témoin en état d'accusation; celui qui aura été condamné à une peine afflictive ou infamante, ou même à une peine correctionnelle pour cause de vol.

ART. 284.

Le témoin reproché sera entendu dans sa déposition.

ART. 287.

Il sera statué sommairement sur les reproches.

ART. 288.

Si néanmoins le fond de la cause était en état, il pourra être prononcé sur le tout par un seul jugement.

ART. 289.

Si les reproches proposés avant la déposition ne sont justifiés par écrit, la partie sera tenue d'en offrir la preuve et de désigner les témoins : autrement elle n'y sera plus reçue; le tout sans préjudice des réparations, dommages et intérêts qui pourraient être dus au témoin reproché.

ART. 290.

La preuve, s'il y échet, sera ordonnée par le tribunal, sauf la preuve contraire, et sera faite dans la forme ci-après réglée pour les enquêtes sommaires. Aucun reproche ne pourra y être proposé, s'il n'est justifié par écrit.

ART. 291.

Si les reproches sont admis, la déposition du témoin reproché ne sera point lue.

ART. 25.

Il est dressé un procès-verbal qui contient l'indication des jour, lieu et heure de l'enquête, la mention de la présence ou de l'absence des parties, les noms, prénoms, pro-

ART. 269.

Les procès-verbaux d'enquête contiendront la date des jour et heure, les comparutions ou défauts des parties et témoins, la représentation des assignations, les remises à

fessions et demeures des témoins, le serment par eux prêté, leur déclaration s'ils sont parents ou alliés des parties, le résumé de leur déposition fait par le président ou le juge immédiatement après leur audition, et les constatations des formalités prescrites par les articles ci-dessus.

Lecture de sa déposition est donnée à chaque témoin; les changements et additions qu'il y veut faire avant la fin de l'enquête sont écrits à la suite ou en marge de sa déposition. Il lui en est aussi donné lecture, et il signe le tout, ou mention est faite s'il ne sait, ne peut ou ne veut signer. Le procès-verbal est en outre signé par le président ou le juge, et par le greffier.

Une expédition sera levée à la requête de la partie la plus diligente à charge de la communiquer à l'autre partie.

autres jour et heure, si elles sont ordonnées, à peine de nullité.

ART. 271.

Le témoin déposera sans qu'il lui soit permis de lire aucun projet écrit. Sa déposition sera consignée sur le procès-verbal; elle lui sera lue, et il lui sera demandé s'il y persiste; le tout à peine de nullité. Il lui sera demandé aussi s'il requiert taxe.

ART. 272.

Lors de la lecture de sa déposition, le témoin pourra faire tels changements et additions que bon lui semblera; ils seront écrits à la suite ou à la marge de sa déposition; il lui en sera donné lecture, ainsi que de la déposition, et mention en sera faite, le tout à peine de nullité.

ART. 273.

Le juge-commissaire pourra, soit d'office, soit sur la réquisition des parties ou de l'une d'elles, faire au témoin les interpellations qu'il croira convenables pour éclaircir sa déposition. Les réponses du témoin seront signées de lui, après lui avoir été lues, ou mention sera faite s'il ne veut ou ne peut signer; elles seront également signées du juge et du greffier; le tout à peine de nullité.

ART. 274.

La déposition du témoin, ainsi que les changements et additions qu'il pourra y faire, seront signées par lui, le juge et le greffier; et, si le témoin ne veut ou ne peut signer, il en sera fait mention; le tout à peine de nullité. Il sera fait mention de la taxe, s'il la requiert, ou de son refus.

ART. 275.

Les procès-verbaux feront mention de l'observation des formalités prescrites par les articles ci-dessus. Ils seront signés, à la fin, par le juge et le greffier, et par les parties si elles le veulent ou le peuvent; en cas de refus, il en sera fait mention; le tout à peine de nullité.

ART. 286.

Le délai pour faire enquête étant expiré, la partie la plus diligente fera signifier à avoué copie des procès-verbaux, et poursuivra l'audience sur un simple acte.

[illegible]

NOUVELLE RÉDACTION.

ART. 26.

Si l'enquête a lieu devant un juge d'un autre tribunal, ou devant un juge de paix, le greffier dudit tribunal ou de la justice de paix fait parvenir, dans les trois jours, la minute du procès-verbal au greffe de la juridiction où le procès est pendant.

ART. 27.

Si, sur l'interpellation qui lui est adressée, un témoin requiert taxe, elle est faite par le président ou le juge-commissaire sur la copie de l'assignation, et elle vaut exécution. Il est fait mention de la taxe sur le procès-verbal.

ART. 28.

Les frais sont avancés par la partie requérante; leur montant, évalué par le tribunal ou par le juge, est consigné au greffe. Si la citation a lieu d'office, l'avance et la consignation des frais sont faites par la partie désignée au jugement ou à l'ordonnance.

ART. 29.

Le juge-commissaire statue sur les incidents qui s'élèvent devant lui, sauf recours devant le tribunal qui a ordonné l'enquête. Ce recours n'est pas suspensif.

ART. 30.

Les juges délégués en vertu de commissions rogatoires statuent sur les oppositions et sur les incidents dans les mêmes conditions que le juge-commissaire.

ART. 31.

L'enquête est nulle si elle a été faite par un juge autre que celui qui a été désigné par le tribunal. Elle est également nulle si elle a eu lieu à huis clos sans que le tribunal l'ait ordonné, si elle a été faite sans que toutes les parties y aient été appelées, si elle a eu lieu à un jour autre que celui fixé par le tribunal ou par le juge-commissaire.

Dans les deux derniers cas, la nullité ne peut être opposée par les parties qui ont concouru aux opérations de l'enquête.

·Si un témoin est incapable ou s'il n'a pas prêté serment, sauf le cas de l'article 24, sa déposition est nulle.

TEXTE ACTUEL.

ART. 266.

Si le témoin est éloigné, le juge-commissaire renverra devant le président du tribunal du lieu, qui entendra le témoin ou commettra un juge. Le greffier de ce tribunal fera parvenir de suite la minute du procès-verbal au greffe du tribunal où le procès est pendant, sauf à lui à prendre exécutoire pour les frais contre la partie à la requête de qui le témoin aura été entendu.

ART. 277.

Si le témoin requiert taxe, elle sera faite par le juge-commissaire sur la copie de l'assignation, et elle vaudra exécutoire : le juge fera mention de la taxe sur son procès-verbal.

ART. 281.

La partie qui aura fait entendre plus de cinq témoins sur un même fait ne pourra répéter les frais des autres dépositions.

ART. 292.

L'enquête ou la déposition déclarée nulle par la faute du juge-commissaire sera recommencée à ses frais; les délais de la nouvelle enquête ou de la nouvelle audition de témoins courront du jour de la signification du jugement qui l'aura ordonnée. La partie pourra faire entendre les mêmes témoins; et, si quelques-uns ne peuvent être entendus, les juges auront tel égard que de raison aux dépositions par eux faites dans la première enquête.

[illegible]

[illegible]

[illegible] [illegible] [illegible] [illegible] [illegible] [illegible] [illegible] [illegible] la justice de paix [illegible] en première ou en [illegible] [illegible].

[illegible]

<table>
<tr><td>

</td><td>

</td></tr>
</table>

	ART. 293.
	L'enquête déclarée nulle par la faute de l'avoué ou par celle de l'huissier ne sera pas recommencée, mais la partie pourra en répéter les frais contre eux, même des dommages et intérêts en cas de manifeste négligence, ce qui est laissé à l'arbitrage du juge.
ART. 32.	**ART. 294.**
La nullité d'une ou de plusieurs dépositions n'entraîne pas la nullité de l'enquête. Le tribunal peut toujours ordonner que l'enquête annulée, ou seulement les dépositions déclarées nulles soient recommencées.	La nullité d'une ou de plusieurs dépositions n'entraîne pas celle de l'enquête.
DE LA VISITE DES LIEUX.	**DES DESCENTES SUR LES LIEUX.**
ARTICLE PREMIER.	**ART. 295.**
Le tribunal peut ordonner qu'il se transportera tout entier sur les lieux ou que l'un des juges s'y transportera et y fera les constatations et opérations déterminées par le jugement.	Le tribunal pourra, dans les cas où il le croira nécessaire, ordonner que l'un des juges se transportera sur les lieux; mais il ne pourra l'ordonner dans les matières où il n'échoit qu'un simple rapport d'experts, s'il n'en est requis par l'une ou par l'autre des parties.
ART. 2.	**ART. 296.**
Le jugement qui ordonne la visite des lieux fixe les jour et heure où elle se fera. Il n'est ni levé ni signifié. La fixation peut être modifiée par ordonnance du président ou du magistrat délégué, auquel cas les avoués en cause sont avisés par la voie du greffe. Lorsque le jugement ordonnant la visite des lieux a été rendu par défaut, la partie défaillante est appelée par exploit à y assister au jour et à l'heure indiqués.	Le jugement commettra l'un des juges qui y auront assisté.
	ART. 297.
ART. 3.	Sur la requête de la partie la plus diligente, le juge-commissaire rendra une ordonnance qui fixera les lieu, jour et heure de la descente; la signification en sera faite d'avoué à avoué et vaudra sommation.
Le tribunal ou le juge délégué peut recueillir tous les indices propres à l'éclairer, et même entendre à titre de renseignements telle personne que bon lui semble.	
ART. 4.	**ART. 298.**
Il est dressé procès-verbal de l'opération, et il est fait mention des jours employés au transport, séjour et retour.	Le juge-commissaire fera mention, sur la minute de son procès-verbal, des jours employés au transport, séjour et retour.
	ART. 299.
	L'expédition du procès-verbal sera signifiée par la par-

tie la plus diligente aux avoués des autres parties; et, trois jours après, elle pourra poursuivre l'audience sur un simple acte.

ART. 5.

L'expédition du procès-verbal est levée par la partie la plus diligente, à charge de la communiquer à l'autre partie. L'audience est poursuivie sur un simple acte.

ART. 300.

La présence du ministère public ne sera nécessaire que dans le cas où il sera lui-même partie.

ART. 6.

Les frais de transport sont avancés par la partie requérante et par elle consignés au greffe. Si la visite est ordonnée d'office, l'avance et la consignation sont faites par la partie désignée au jugement.

ART. 301.

Les frais de transport seront avancés par la partie requérante, et par elle consignés au greffe.

DES EXPERTISES.

ARTICLE PREMIER.

Les tribunaux peuvent, soit d'office, soit sur la demande des parties ou de l'une d'elles, ordonner avant faire droit qu'il sera procédé, par un ou par trois experts, à une expertise sur les points déterminés par le jugement.

DES RAPPORTS D'EXPERTS.

ART. 302.

Lorsqu'il y aura lieu à un rapport d'experts il sera ordonné par un jugement, lequel énoncera clairement les objets de l'expertise.

ART. 303.

L'expertise ne pourra se faire que par trois experts, à moins que les parties ne consentent qu'il soit procédé par un seul.

ART. 2.

Si lors du jugement qui ordonne l'expertise les parties se sont accordées sur le choix des experts, le tribunal leur en donne acte. Dans le cas contraire, il nomme d'office les experts qui devront procéder. Toutefois, les parties conservent le droit de désigner d'un commun accord d'autres experts, dans les 8 jours qui suivent le prononcé du jugement, par un acte au greffe signé des avoués en cause.

ART. 304.

Si, lors du jugement qui ordonne l'expertise, les parties se sont accordées pour nommer les experts, le même jugement leur donnera acte de la nomination.

ART. 305.

Si les experts ne sont pas convenus par les parties, le jugement ordonnera qu'elles seront tenues d'en nommer dans les trois jours de la signification, sinon qu'il sera procédé à l'opération par les experts qui seront nommés d'office par le même jugement. Ce même jugement nommera le juge-commissaire, qui recevra le serment des experts convenus ou nommés d'office. Pourra néanmoins le tribunal ordonner que les experts prêteront leur serment devant le juge de paix du canton où ils procéderont.

[illegible]

ART. 306.

Dans le délai ci-dessus, les parties qui se seront accordées pour la nomination des experts en feront leur déclaration au greffe.

ART. 307.

Après l'expiration du délai ci-dessus, la partie la plus diligente prendra l'ordonnance du juge, et fera sommation aux experts nommés par les parties ou d'office, pour faire leur serment, sans qu'il soit nécessaire que les parties y soient présentes.

ART. 315.

Le procès-verbal de prestation de serment contiendra indication, par les experts, du lieu et des jour et heure de leur opération. — En cas de présence des parties ou de leurs avoués, cette indication vaudra sommation. En cas d'absence, il sera fait sommation aux parties, par acte d'avoué, de se trouver aux jour et heure que les experts auront indiqués.

ART. 308.

Les récusations ne pourront être proposées que contre les experts nommés d'office, à moins que les causes n'en soient survenues depuis la nomination et avant le serment.

ART. 3.

Toute partie peut récuser l'expert contre lequel elle a un motif de suspicion légitime.

ART. 310.

Les experts pourront être récusés par les motifs pour lesquels les témoins peuvent être reprochés.

ART. 283.

Pourront être reprochés les parents ou alliés de l'une ou de l'autre des parties jusqu'au degré de cousin issu de germain inclusivement; les parents ou alliés des conjoints au degré ci-dessus, si le conjoint est vivant, ou si la partie ou le témoin en a des enfants vivants. En cas que le conjoint soit décédé, et qu'il n'ait pas laissé de descendants, pourront être reprochés les parents ou alliés en ligne directe, les frères, beaux-frères, sœurs et belles-sœurs. Pourront aussi être reprochés : le témoin héritier présomptif ou donataire; celui qui aura bu ou mangé avec la partie, et à ses frais, depuis la prononciation du jugement qui a ordonné l'enquête; celui qui aura donné des certificats sur les faits relatifs au procès; les serviteurs et domestiques; le témoin en état d'accusation; celui qui aura été condamné à une

[illegible]

[illegible]

[illegible]

peine afflictive ou infamante, ou même à une peine correctionnelle pour cause de vol.

ART. 4.

La récusation est notifiée, dans les 15 jours de la prononciation du jugement qui nomme les experts, par un simple acte contenant avenir à l'audience la plus prochaine et indiquant les causes de récusation, leurs preuves, ou l'offre de les justifier par témoins.

Passé ce délai, la récusation ne peut être proposée, à moins que la cause n'en soit survenue depuis le jugement.

ART. 309.

La partie qui aura des moyens de récusation à proposer sera tenue de le faire dans les trois jours de la nomination, par un simple acte signé d'elle ou de son mandataire spécial, contenant les causes de récusation, et les preuves, si elle en a, ou l'offre de les vérifier par témoins : le délai ci-dessus expiré, la récusation ne pourra être proposée et l'expert prêtera serment au jour indiqué par la sommation.

ART. 5.

Les parties qui, ayant des causes de récusation, ne les ont pas fait valoir ne peuvent demander de ce chef la nullité de l'expertise à laquelle un expert récusable a procédé.

ART. 6.

La récusation est jugée d'urgence et sans appel.

ART. 311.

La récusation contestée sera jugée sommairement à l'audience, sur un simple acte, et sur les conclusions du ministère public; les juges pourront ordonner la preuve par témoins, laquelle sera faite dans la forme ci-après prescrite pour les enquêtes sommaires.

ART. 312.

Le jugement sur la récusation sera exécutoire nonobstant l'appel.

ART. 7.

Si la récusation est admise, il est procédé d'office et par le même jugement au remplacement de l'expert ou des experts récusés.

ART. 313.

Si la récusation est admise, il sera d'office, par le même jugement, nommé un nouvel expert ou de nouveaux experts à la place de celui ou de ceux récusés.

ART. 8.

Si la récusation est rejetée, la partie qui l'a proposée peut être condamnée en tels dommages et intérêts qu'il appartient, soit envers l'autre partie, soit même envers l'expert. L'expert qui a demandé des dommages-intérêts ne peut conserver sa mission.

ART. 314.

Si la récusation est rejetée, la partie qui l'aura faite sera condamnée en tels dommages et intérêts qu'il appartiendra, même envers l'expert, s'il le requiert; mais, dans ce dernier cas, il ne pourra demeurer expert.

ART. 9.

Ne peuvent en aucun cas être choisis par les parties ou nommés d'office les individus en état d'accusation, ceux

[illegible]

Art. [illegible].

[illegible]

Art. [illegible].

[illegible]

Art. [illegible].

[illegible]

Art. [illegible].

[illegible]

Art. [illegible].

[illegible]

Art. [illegible].

[illegible]

Art. [illegible].

[illegible]

Art. [illegible].

[illegible]

27

NOUVELLE RÉDACTION.

qui ont été condamnés à une peine correctionnelle pour cause de vol, d'escroquerie ou d'abus de confiance, ceux qui sont privés du droit d'être experts, soit par la loi, soit par des décisions judiciaires.

ART. 10.

Si quelque expert n'accepte point la nomination ou ne se présente point aux jour et heure indiqués, les parties s'accordent sur-le-champ pour en nommer un autre à sa place, sinon la nomination peut être faite, sur requête de la partie la plus diligente, par le président du tribunal. L'expert qui, après avoir accepté, ne remplit pas sa mission, peut être condamné, par le tribunal qui l'avait commis, à tous les frais frustratoires, et même à des dommages-intérêts, s'il y a lieu.

ART. 11.

Le tribunal peut ordonner que l'expertise sera faite soit en audience publique, soit en chambre du conseil en présence des parties; il indique le jour et l'heure où il sera procédé.

Dans ce cas, les experts sont, à la requête du demandeur et, à son défaut, de la partie la plus diligente, sommés, par exploit contenant indication de l'objet de l'expertise, de comparaître au jour et à l'heure fixés par le tribunal.

Les parties sont appelées par un simple acte d'avoué ou par exploit, si elles sont défaillantes. Si les experts peuvent donner leur avis séance tenante, ils font immédiatement un rapport.

S'ils demandent un délai, le tribunal indique l'audience à laquelle le rapport sera fait; s'ils estiment nécessaire une visite des lieux ou toute autre opération préalable, ils fixent le lieu, le jour et l'heure ou ils procéderont, et il en est fait au jugement une mention qui vaut sommation pour toutes les parties d'assister aux opérations. Ce jugement n'est ni levé ni signifié.

ART. 12.

Lorsque le rapport est fait oralement, les experts en affirment au préalable la sincérité. Il est, séance tenante, dressé par le greffier un procès-verbal contenant la mention de cette affirmation, les conclusions des experts et le résumé des motifs de leur opinion. Ce procès-verbal est lu aux experts et signé immédiatement par eux, par le président et par le greffier. Si l'un des experts ne sait ou ne peut signer, il en est fait mention. Les honoraires des experts sont liquidés par le jugement.

TEXTE ACTUEL.

ART. 316.

Si quelque expert n'accepte point la nomination, ou ne se présente point, soit pour le serment, soit pour l'expertise, aux jour et heure indiqués, les parties s'accorderont sur-le-champ pour en nommer un autre à sa place; sinon, la nomination pourra être faite d'office par le tribunal.

L'expert qui, après avoir prêté serment, ne remplira pas sa mission, pourra être condamné, par le tribunal qui l'avait commis, à tous les frais frustratoires, et même aux dommages-intérêts, s'il y échet.

[illegible]

28

NOUVELLE RÉDACTION.

TEXTE ACTUEL.

ART. 13.

Lorsque l'expertise ne doit pas être faite devant le tribunal, les experts, sur l'invitation de la partie la plus diligente, indiquent le jour, l'heure et le lieu où ils procéderont à l'expertise. La partie adverse est appelée à y assister, soit par acte d'avoué à avoué, soit par exploit si elle est défaillante.

ART. 14.

Le jugement qui a ordonné l'expertise est remis aux experts avec les pièces nécessaires aux opérations.

Les experts peuvent recueillir tous indices propres à éclairer leur opinion, et même entendre à titre de renseignements telles personnes que bon leur semble ; ils en font mention dans leur rapport et indiquent les noms des personnes qu'ils ont entendues ; ils doivent aussi consigner les dires et réquisitions des parties. Ces dires et réquisitions sont annexés au rapport et ne peuvent être expédiés.

ART. 317.

Le jugement qui aura ordonné le rapport, et les pièces nécessaires seront remis aux experts ; les parties pourront faire tels dires et réquisitions qu'elles jugeront convenables : il en sera fait mention dans le rapport ; il sera rédigé sur le lieu contentieux, ou dans le lieu et aux jour et heure qui seront indiqués par les experts.

La rédaction sera écrite par un des experts et signée par tous ; s'ils ne savent pas tous écrire, elle sera écrite et signée par le greffier de la justice de paix du lieu où ils auront procédé.

ART. 15.

Les experts dressent un seul rapport ; ils forment leur avis à la pluralité des voix. S'il n'y a pas unanimité, ils indiquent l'opinion de chacun d'eux et les motifs à l'appui.

ART. 318.

Les experts dresseront un seul rapport ; ils ne formeront qu'un seul avis à la pluralité des voix.

Ils indiqueront néanmoins, en cas d'avis différents, les motifs des divers avis, sans faire connaître quel a été l'avis personnel de chacun d'eux.

ART. 16.

Le rapport est rédigé par écrit par l'un des experts et signé par tous. Il contient leur affirmation qu'il a été procédé par eux en conscience.

Si l'un des experts ne veut ou ne peut signer, les autres experts en font mention. Si aucun des experts ou deux d'entre eux ne peuvent signer, le rapport est écrit et signé par le greffier de la justice de paix du lieu où il a été procédé, ou du tribunal où le rapport sera déposé.

ART. 17.

La minute du rapport est déposée au greffe du tribunal qui a ordonné l'expertise. Les honoraires des experts sont taxés par le magistrat qui a présidé au bas de la minute, et il en est délivré exécutoire contre la partie qui a requis l'expertise ou qui l'a poursuivie, si elle a été ordonnée d'office.

Les experts peuvent, au cours de l'expertise, demander qu'il leur soit alloué une provision. Cette provision est fixée par ordonnance rendue sur leur requête.

ART. 319.

La minute du rapport sera déposée au greffe du tribunal qui aura ordonné l'expertise, sans nouveau serment de la part des experts ; leurs vacations seront taxées par le président au bas de la minute, et il en sera délivré exécutoire contre la partie qui aura requis l'expertise, ou qui l'aura poursuivie si elle a été ordonnée d'office.

[illegible]

[illegible]

[illegible]

[illegible]

29

ART. 18.

En cas de retard ou de refus de la part des experts de déposer leur rapport, ils peuvent être assignés à 3 jours, sans préliminaire de conciliation, devant le tribunal qui les a commis, et être contraints à déposer leur rapport sous peine de dommages-intérêts.

Il peut aussi être pourvu à leur remplacement, d'office ou à la requête des parties, sans préjudice des dommages-intérêts dus pour le retard.

ART. 19.

Une expédition du rapport est levée par la partie la plus diligente, à charge de la communiquer à l'autre partie.

ART. 20.

Si les juges ne trouvent point dans le rapport des éclaircissements suffisants, ils pourront soit ordonner que les experts comparaîtront à l'audience ou en chambre du conseil aux jour et heure indiqués pour fournir les renseignements et explications reconnus nécessaires, soit ordonner une nouvelle expertise par un ou plusieurs experts nommés d'office.

En cas de comparution des experts à l'audience, le jugement contient, s'il y a lieu, la liquidation de leurs honoraires supplémentaires.

ART. 21.

Les juges ne sont pas astreints à suivre l'avis des experts.

DE LA COMPARUTION PERSONNELLE
ET DE L'INTERROGATOIRE DES PARTIES.

ARTICLE PREMIER.

Le tribunal peut, en tout état de cause et en toute matière, ordonner d'office ou sur les conclusions des parties, la comparution personnelle des parties en cause.

La comparution a lieu devant le tribunal, à l'audience ou en chambre du conseil, aux jour et heure fixés par le tribunal.

Le jugement qui ordonne la comparution vaut convocation pour les parties, s'il est contradictoire.

S'il est par défaut, la partie défaillante est assignée par huissier commis, conformément à l'article 8 du titre des

ART. 320.

En cas de retard ou de refus de la part des experts de déposer leur rapport, ils pourront être assignés à 3 jours, sans préliminaire de conciliation, par-devant le tribunal qui les aura commis, pour se voir condamner, même par corps s'il y échet, à faire ledit dépôt; il y sera statué sommairement et sans instruction.

ART. 321.

Le rapport sera levé et signifié à avoué par la partie la plus diligente; l'audience sera poursuivie sur un simple acte.

ART. 322.

Si les juges ne trouvent point dans le rapport les éclaircissements suffisants, ils pourront ordonner d'office une nouvelle expertise, par un ou plusieurs experts qu'ils nommeront également d'office, et qui pourront demander aux précédents experts les renseignements qu'ils trouveront convenables.

ART. 323.

Les juges ne sont point astreints à suivre l'avis des experts, si leur conviction s'y oppose.

DE L'INTERROGATOIRE SUR FAITS ET ARTICLES.

ART. 119.

Si le jugement ordonne la comparution des parties, il indiquera le jour de la comparution.

30

Jugements par défaut. L'exploit fait mention du jugement qui a ordonné la comparution et de sa date.

Les parties peuvent être interrogées en l'absence l'une de l'autre. Dans ce cas, elles sont ensuite confrontées s'il y a lieu.

ART. 2.

Les parties peuvent, en toute matière et en tout état de cause, demander de se faire interroger respectivement sur faits et articles pertinents, sans retard de l'instruction ni du jugement.

ART. 3.

L'interrogatoire ne peut être ordonné que sur requête contenant les faits et par jugement rendu à l'audience; ce jugement n'est susceptible d'aucun recours. Il est procédé devant le tribunal à l'audience publique ou en chambre du conseil, aux jour et heure fixés par le jugement.

ART. 4.

En cas d'éloignement, le tribunal peut commettre le président du tribunal dans le ressort duquel la partie réside, ou le juge de paix du canton de cette résidence. Le juge commis indique, au bas de la requête qui lui est présentée, les jour et heure de l'interrogatoire.

ART. 5.

En cas d'empêchement légitime de la partie, le tribunal ou le juge se transporte au lieu où elle est retenue.

ART. 6.

Vingt-quatre heures au moins avant l'interrogatoire le jugement est signifié à la partie avec sommation de comparaître aux lieu, jour et heure indiqués.

ART. 324.

Les parties peuvent, en toute matière et en tout état de cause, demander de se faire interroger respectivement sur faits et articles pertinents concernant seulement la matière dont il est question, sans retard de l'instruction ni du jugement.

ART. 325.

L'interrogatoire ne pourra être ordonné que sur la requête contenant les faits et par jugement rendu à l'audience. Il y sera procédé soit devant le président, soit devant un juge par lui commis.

ART. 326.

En cas d'éloignement, le président pourra commettre le président du tribunal dans le ressort duquel la partie réside, ou le juge de paix du canton de cette résidence.

ART. 327.

Le juge commis indiquera, au bas de l'ordonnance qui l'aura nommé, les jour et heure de l'interrogatoire, le tout sans qu'il soit besoin de procès-verbal contenant réquisition ou délivrance de son ordonnance.

ART. 328.

En cas d'empêchement légitime de la partie, le juge se transportera au lieu où elle est retenue.

ART. 329.

Vingt-quatre heures au moins avant l'interrogatoire, seront signifiées par le même exploit, à personne ou domicile, la requête et les ordonnances du tribunal, du président ou du juge qui devra procéder à l'interrogatoire, avec assignation donnée par un huissier qu'il aura commis à cet effet.

8.

[illegible]

31

NOUVELLE RÉDACTION.

ART. 7.

La partie interrogée répond en personne, sans pouvoir lire aucun projet écrit, aux questions qui lui sont posées soit d'office, soit sur la réquisition de l'autre partie.

ART. 8.

Le demandeur à fin d'interrogatoire peut être présent à l'interrogatoire. Dans ce cas, le juge ou l'autre partie peuvent lui poser toutes questions.

Les parties peuvent être entendues ensemble ou séparément.

ART. 9.

Il est dressé procès-verbal des questions posées aux parties et de leurs réponses. Lecture de l'interrogatoire est donnée à chaque partie, avec interpellation de déclarer si elle a dit vérité et si elle persiste. Elle signe l'interrogatoire, ainsi que les additions ou corrections qu'elle a faites et sur lesquelles elle est également interpellée après lecture. Mention est faite si elle ne sait ou ne veut signer.

Une expédition du procès-verbal est levée à la requête de la partie la plus diligente, à charge de la communiquer à l'autre partie.

ART. 10.

Si la partie assignée ne comparaît pas ou refuse de répondre après avoir comparu, il en est dressé procès-verbal sommaire. Si, ayant fait défaut sur l'assignation, elle se présente avant le jugement, elle est interrogée, l'autre partie dûment appelée. Elle supporte les frais du premier procès-verbal et de la signification, sans répétition.

ART. 11.

Si, au jour de l'interrogatoire, la partie assignée justifie d'empêchement légitime, le tribunal ou le juge indique un autre jour, sans nouvelle assignation.

TEXTE ACTUEL.

ART. 333.

La partie répondra en personne sans pouvoir lire aucun projet de réponse par écrit, et sans assistance de conseil aux faits contenus en la requête, même à ceux sur lesquels le juge l'interrogera d'office; les réponses seront précises et pertinentes sur chaque fait, et sans aucun terme calomnieux ni injurieux : celui qui aura requis l'interrogatoire ne pourra y assister.

ART. 334.

L'interrogatoire achevé sera lu à la partie, avec interpellation de déclarer si elle a dit vérité et persiste : si elle ajoute, l'addition sera rédigée en marge ou à la suite de l'interrogatoire; elle lui sera lue, et il lui sera fait la même interpellation : elle signera l'interrogatoire et les additions et si elle ne sait ou ne veut signer, il en sera fait mention.

ART. 335.

La partie qui voudra faire usage de l'interrogatoire le fera signifier, sans qu'il puisse être un sujet d'écritures de part ni d'autre.

ART. 330.

Si l'assigné ne comparaît pas ou refuse de répondre après avoir comparu, il en sera dressé procès-verbal sommaire, et les faits pourront être tenus pour avérés.

ART. 331.

Si, ayant fait défaut sur l'assignation, il se présente avant le jugement, il sera interrogé, en payant les frais du premier procès-verbal et de la signification, sans répétition.

ART. 332.

Si, au jour de l'interrogatoire, la partie assignée justifie d'empêchement légitime, le juge indiquera un autre jour pour l'interrogatoire, sans nouvelle assignation.

sa partie intéressée n'aura, en personne, qu'à prêter [illegible]

[illegible]

XII.

[illegible]

[illegible]

32

NOUVELLE RÉDACTION.

ART. 12.

Peuvent les personnalités juridiques et les collectivités admises à ester en justice comparaître ou être interrogées dans la personne de leurs représentants légaux.

Peuvent les représentants légaux des incapables, ceux qui les assistent, les agents des administrations publiques, comparaître ou être interrogés sur leurs faits personnels, sauf à avoir à leurs déclarations tel égard que de droit.

ART. 13.

Lorsqu'un interrogatoire est demandé contre une administration publique ou un établissement public, le jugement qui l'ordonne articule les questions sur lesquelles il sera répondu, et impartit un délai dans lequel le défendeur sera tenu de répondre.

Les réponses sont consignées dans un acte déposé au greffe, certifié véritable par le représentant de l'administration, et signé de son avoué.

DU SERMENT.

ARTICLE PREMIER.

Tout jugement qui ordonne un serment énonce les faits sur lesquels il sera reçu.

ART. 2.

Le serment est fait par la partie en personne et à l'audience. Dans le cas d'un empêchement légitime et dûment constaté, le serment peut être prêté devant le juge que le tribunal a commis, et qui se transporte chez la partie, assisté du Greffier. — Si la partie à laquelle le serment est déféré est trop éloignée, le tribunal peut ordonner qu'elle prêtera le serment devant le tribunal du lieu de sa résidence. — Dans tous les cas, le serment est fait en présence de l'autre partie, ou elle dûment appelée par acte d'avoué à avoué, et, s'il n'y a pas d'avoué constitué, par exploit contenant l'indication du jour de la prestation.

TEXTE ACTUEL.

ART. 336.

Seront tenues les administrations d'établissements publics de nommer un administrateur ou agent pour répondre sur les faits et articles qui leur auront été communiqués; elles donneront, à cet effet un pouvoir spécial dans lequel les réponses seront expliquées et affirmées véritables, sinon les faits pourront être tenus pour avérés; sans préjudice de faire interroger les administrateurs et agents sur les faits qui leur seront personnels, pour y avoir, par le tribunal, tel égard que de raison.

DES JUGEMENTS.

ART. 120.

Tout jugement qui ordonnera un serment énoncera les faits sur lesquels il sera reçu.

ART. 121.

Le serment sera fait par la partie en personne, et à l'audience. Dans le cas d'un empêchement légitime et dûment constaté, le serment pourra être prêté devant le juge que le tribunal aura commis, et qui se transportera chez la partie assisté du greffier. — Si la partie à laquelle le serment est déféré est trop éloignée, le tribunal pourra ordonner qu'elle prêtera le serment devant le tribunal du lieu de sa résidence. — Dans tous les cas, le serment sera fait en présence de l'autre partie, ou elle dûment appelée par acte d'avoué à avoué, et, s'il n'y a pas d'avoué constitué, par exploit contenant l'indication du jour de la prestation.

Peuvent les personnalités juridiques et les collectivités-unités qui [illegible] des justices correspondantes en cas d'urgence [illegible] [illegible] dans la commande de la réglementation [illegible] [illegible] [illegible] Dans un tel règlement il peut y avoir [illegible] [illegible] qui les soustrait aux agents des [illegible] [illegible] [illegible] complémentaires à ces fins, ou [illegible] [illegible] [illegible] [illegible] le premier application dans les [illegible] [illegible] [illegible] [illegible]

33

DES INCIDENTS.

§ 1er. — Des demandes reconventionnelles et des demandes incidentes.

ARTICLE PREMIER.

Les demandes reconventionnelles ne sont reçues que dans les cas suivants :

Si elles procèdent de la même cause que la demande principale;

Si elles forment une défense contre cette demande;

Si elles tendent à obtenir le bénéfice de la compensation.

ART. 2.

Si le tribunal est incompétent pour connaître l'objet de la demande reconventionnelle, dans les cas prévus par l'article 4 du titre des exceptions, il est statué seulement sur la demande principale.

ART. 3.

Lorsque chacune des demandes principales ou reconventionnelles n'excède pas les limites de leur compétence en dernier ressort, les tribunaux civils ou de commerce prononcent sans appel. Si l'une des demandes n'est susceptible d'être jugée qu'à charge d'appel, les tribunaux prononcent sur toutes en premier ressort.

ART. 4.

Les demandes incidentes et les demandes reconventionnelles sont formées par acte de conclusions motivées avec offre de communiquer les pièces justificatives sur récépissé ou par dépôt au greffe.

Le défendeur signifie sa réponse par un simple acte.

ART. 5.

Toutes les demandes incidentes ou reconventionnelles sont formées en même temps. Les frais de celles qui sont produites postérieurement et dont les causes existaient à l'époque où les premières ont été formées ne peuvent être répétés.

DES INCIDENTS.

§ 1er. — Des demandes incidentes.

ART. 337.

Les demandes incidentes seront formées par un simple acte contenant les moyens et les conclusions, avec offre de communiquer les pièces justificatives sur récépissé, ou par dépôt au greffe. Le défendeur à l'incident donnera sa réponse par un simple acte.

ART. 338.

Toutes demandes incidentes seront formées en même temps; les frais de celles qui seraient proposées postérieurement, et dont les causes auraient existé à l'époque des premières, ne pourront être répétés. Les demandes incidentes seront jugées par préalable, s'il y a lieu, et, dans les affaires sur lesquelles il aura été ordonné une instruction par écrit, l'incident sera porté à l'audience, pour être statué ce qu'il appartiendra.

[illegible]

[illegible]

[illegible]

<table>
<tr><td>

§ 2. — *De l'intervention et de l'assignation*
en déclaration de jugement commun.

ARTICLE PREMIER.

L'intervention est formée par acte de conclusions motivées, conformément à l'article 2 du titre des constitutions d'avoué et défenses.

Lorsqu'une partie est défaillante, l'intervention lui est notifiée par acte d'huissier contenant assignation devant le tribunal.

ART. 2.

Toute personne peut être assignée à la requête de l'une ou de l'autre des parties, pour voir déclarer commun avec elle le jugement à intervenir.

ART. 3.

L'assignation est donnée sans préliminaire de conciliation, en la forme ordinaire des ajournements. Elle énonce les motifs et l'objet de la demande originaire.

ART. 4.

Le tiers assigné en déclaration de jugement commun ne peut décliner la compétence du tribunal saisi de la demande originaire, à moins qu'il ne prouve que cette demande n'a été formée que pour le distraire de ses juges naturels.

ART. 5.

L'intervention et la demande en déclaration de jugement commun ne peuvent retarder le jugement de la cause principale, si elle est en état.

</td><td>

§ 2. — *De l'intervention.*

ART. 339.

L'intervention sera formée par requête qui contiendra les moyens et conclusions, dont il sera donné copie ainsi que des pièces justificatives.

ART. 340.

L'intervention ne pourra retarder le jugement de la cause principale quand elle sera en état.

ART. 341.

Dans les affaires sur lesquelles il aura été ordonné une instruction par écrit, si l'intervention est contestée par l'une des parties l'incident sera porté à l'audience.

</td></tr>
</table>

IMPRIMERIE NATIONALE. — Août 1886.